만경루에 기대어

만경루에 기대어

김해인 시집

문학들

시인의 말

시조집으로
여덟 번째로 이름 달아주나
사실 제일 맏이이다
등단 시 투고하였던
생때 같은 작품들을 비롯하여
시조에 불붙은
시절에 낳은 작품들을
방치해 두었는데
이것들이 문단과 별거 중인 나의
옆구리를 쿡쿡 찌른 것이다,
뭣하고 있냐고

2012년 봄, 만경루에 기대어
김해인

차례

5 시인의 말

제1부

13 시조時調
14 자화상
15 수혈
16 지명知命
17 지명知命에 기대어
18 내 마음의 부도
20 신독愼獨
21 제야
22 오독誤讀
23 신발
24 연꽃
25 설야雪夜
26 얼룩
27 연금술사
28 사리함
29 돋보기로 만난 사자

30 승복 입은 설악, 만해
31 불타는 숭례문의 눈빛 전언
32 불타는 숭례문의 눈빛 전언
33 쓰러져 누운 숭례문의 눈빛 전언

제2부

37 언어
38 이백 자 원고지
39 밥집
40 생의 본전
41 활
42 웃기는 상상력
43 백팔번뇌
44 부부夫婦
45 건조증
46 영어 완전 정복
48 사군자四君子

제3부

53 봉옥
54 아버지
55 탁란托卵
56 나목裸木
57 석류
58 단풍
60 비파枇杷
61 겨울 민들레
62 의자
64 빙벽
65 엽서葉書

제4부

69 만경루에 기대어
70 겨울 백련사
72 무위사 산감나무
73 가을, 금곡사金谷寺에서
74 백담사

75	선운사 산감나무
76	동해, 외딴섬의 눈빛 전언
78	마량 길
79	괭이갈매기들의 전언
80	사당리
81	유달산
82	노적봉 다산목多産木
83	조운 생가曺雲生家
84	마라도 시편詩篇
86	다물도의 밤
87	적산가옥
88	눈 내리는 외딴집
89	선산先山
90	눈 내리는 제야除夜

93 **해설** 문 밖에서 경계 허물기, 혹은 질문하기_ 염창권

제1부

시조時調

시조는 시이지만 시는 시조 아녀

시 중에 시조가 없는 건 아니지만

겨레의
마지막 보루,
삼장육구 사십오자

언어의 자유분방 말들은 좋다마는

규칙 없는 세상은 그야말로 뒤죽박죽

시조가
소박 당하면
모국어는 자멸이지

자화상

1
돈 안 되는 비유와 상징에 목매다가

사리함인 뒤주가 몸 비운 것 망각했지

사리가
사리함에서
거처를 내 몸으로

2
내 몸으로 이주한 건 뒤주의 사리건만

그 많은 사리들이 어떻게 변신했지

내 몸은
걸어다니는
분뇨뿐인 사리함

*뒤주 : 곡식을 넣어두는 곳

수혈

목마른 대지에게 내 피를 준 대가로

장미꽃 몇 다발이 가슴에 안기었지

가뭄 든
육체의 펌프
마중물 된 이들은

내 몸을 순례하는 또 다른 영혼들은

그 옛날 누군가의 꿈의 대를 이은 거지

미혹한
나의 영혼을
정제하는 것 좀 봐!

지명知命

조각모음 끝낸 지 얼마나 됐다고

지명의 내 몸이 이리도 버걱대나

복원은
불가능한 일
다른 길 찾아야지

바이러스 침투한 걸 이제야 깨닫다니

내 몸에 딱 맞은 백신은 어데 있나

더더욱
업그레이드
하루 빨리 시켜야지

---

* 이 시집의 지명知命과 관련된 시들은 지명에 쓴 것은 아니다. 지명이란 기표에 매력을 느끼고 여러 해 뒤에 쓴 것이다.

지명知命에 기대어

무거운 것 가볍게 말할 줄 알아야지

이름값을 하려면
그 정도는 별 것 아녀

마음은
미끼를 놓아
대붕을 낚는 것을

가벼운 것 무겁게 말할 줄 알아야지

얼굴값을 하려면
아직 당당 멀었어

마음은
대붕에 올라
장천을 나는 것을

내 마음의 부도

1
내 마음이 부도난 걸 내 자신도 몰랐었지

그리움의 속살인 시,
한눈팔다 그리 됐지

마음의
파산신청을
할 것인가 말 것인가

2
내 마음이 부도난 걸 뒤늦게 알았지만

시를 버려서라도
줄도산은 막아야지

마음을
구제하는 건

어느 부서 담당이냐

신독愼獨

1
구산족의 후손인 성철스님 그립다

남몰래 전수한 열두 가지 다짐

햇수로
여러 해건만
나는 아직 멀었구나

2
필연과 우연 사이 내 생이 꾸물댄다

이것이 인연인가, 아니면 악연인가

세상이
반드시 알 일,
자신도 믿지 마라

제야
― 知命

1
제야에 하늘 보며 내 삶을 정산하니

부채가 자산보다 훨씬 더 많구나

부채도
재산이라고
별들이 위로한다

2
이 밤을 새고 나면 무엇이 달라지나

변치 않는 날이 없는 변덕스런 내 마음

여전히
변치 않는 건
내 마음이 달인 것

오독誤讀

1
가제본 된 나의 생을 누군가가 읽고 있다

퇴고도 아니 한 숨겨둔 필사본을

여전히
미완성작인
내 생을 읽고 있다

2
지명인 나의 생은 몇 쪽이나 되는지

표절하지 않은 생을 찾아볼 수 있을까

자신의
생을 읽어도
가끔은 오독인데

신발

1
자신의 몸뚱이가 상하는 줄 모르고

대본 없는 내 길을 무조건 따르더니

이제는
만신창 되어
혓바닥 드러냈네

2
자신의 의사와는 하나도 상관없이

세상의 궂은일을 나를 위해 도맡더니

이제는
기력이 없어
인사도 못 나누네

연꽃

1
연꽃은 피웠다가 연못에서 사라지고

사라진 연꽃은 다음 해에 다시 피지

해마다
불어난 사리
챙기는 곳 따로 있네

2
진흙탕에 뒹굴어도 전혀 때 묻지 않는

비결을 물으면 빈손만 내밀지

한번쯤
속은 샘 치고
가르쳐 줄 법도 한데

설야雪夜

1
연일 내린 폭설에 기가 죽은 산과 들

문을 걸어 잠그고 잠에 빠진 사하촌

동구 밖
당산나무의
까치는 무얼 할까

2
절로 가는 큰길이 눈보라에 지워졌지

마을로 내려가는 샛길도 지워졌지

동백숲
동박새들의
꿈길은 어떠할까

얼룩

1
얼룩 없는 생이 어디에 있을까만

한번 잘못 다루면 얼룩이 상처 되지

하찮은
얼룩이라도
언제나 신중하게

2
얼룩 없는 생이 바람직한 생이지만

자신도 모르는 얼룩이 항상 있지

누구든
입방아에서
벗어나지 못할 걸세

연금술사

1
나무들이 겁을 내는 폭설도 무시하고

마을도 쓸어내는 장대비도 무시하고

이 밤에
언어의 엑셀
마음껏 밟아야지

2
언어의 난폭 운전으로 관심을 끌어야지

언어의 모범기사론 인정을 못 받으니

과속에
신호위반에
중앙선 침범도 해야지

사리함

1
사리함인 울 엄니, 아버지가 맡긴 사리

그 중 하나 고이 길러 출가를 시켰지

이제는
빈 사리함인
허리 굽은 울 엄니

2
그 옛날 아버지가 엄니에게 한 것처럼

싱싱한 사리를 아내에게 맡겼지

이제는
배가 불룩한
사리함인 아내여

돋보기로 만난 사자

말귀를 다 알아먹는, 돋보기로 만나는
십원 동전 다보탑에 칩거한 사자는
진종일 머릿속으로 별생각을 다 하겠지

먹으면 먹히리라 사자에게 다가가
즈믄 해를 입을 봉한 사리함을 꺼내어
거풍을 해야겠다니 맨입으론 안 된다네

마음의 팔 하나 사자에게 떼어주고
내 눈빛이 돋보기로 다보탑을 들랑거려도
아무리 더듬어 봐도 사리함은 없구나

무슨 일이 벌어진지 알면서도 모르는 척
시치미를 뚝 떼는 능청스런 사자야,
남은 팔 떼어줄 테니 제발 이실직고 하라

---

* 다보탑은 기단부의 네 마리 사자상 가운데 세 마리가 사라지고 한 마리만
남아 있다.

승복 입은 설악, 만해
– 백담사에서

집 없는 영혼들의 거처가 되어주고

길 잃은 영혼들의 길잡이가 되어주지

누구도
내쫓지 않는
만해는 설악이여

산 자의 영혼만 받아주는 게 아니고

죽은 자의 영혼도 마다하지 않으시지

만해는
걸어다니는
승복 입은 설악이여

불타는 숭례문의 눈빛 전언

1
두 손으로 얼굴을 움켜쥐고 슬퍼하다니
백수를 넘긴 내가 잠들 때도 됐잖느냐
세상에 무상치 않은 것은 하나도 없느니라

기대가 큰 내 몸을 못 지켜 미안하구나
왜란보다 호란보다 무서운 게 백성이지
빗나간 한 백성의 만행을 만인이 못 막느니라

내 품에 안긴 백성, 단 한 백성이라도
마음이 빗나간 것은 모두 다 내 업보이니
앞으론 내 몸을 거울삼아 남은 사직을 지켜라

2
불타는 내 몸으로 다비식을 치러라
무너진 내 몸에는 사리가 없을지니
애당초 사리 따위는 꿈도 꾸지 말아라

불타는 숭례문의 눈빛 전언

슬퍼하지 마라, 비탄에 잠긴 백성들아
이 몸 하나 불탄다고 나라가 망하겠느냐
백성을 돌보지 못한 죄 백번 죽어 마땅하다

만약 내가 쓰러지면 잔해를 긁어모아
마음의 아궁이에 불쏘시개 삼아라
마음의 구들장을 데우는 군불이 되리다

서까래가 용마루가 다 불에 타더라도
이제 곧 대들보가 무너져 쓰러지더라도
숭례문崇禮門, 내 이름 하나는 꼭 지켜낼 것이다

감히 누가 앞날을 예측할 수 있겠느냐
남은 말을 다 하기에 시간이 없구나
부득이 쓰러진다만 훗날 다시 일어서리다

쓰러져 누운 숭례문의 눈빛 전언

육백년을 버틴 몸이 순식간에 무너지니
나를 낳은 선왕들께 면목이 없구나
더더욱 비통해 하는 백성들을 어떡하나

머릿속에 떠오른 게 한두 가지 아니다만
나라 잃고 헤매던 잃어버린 삼십육 년,
끝까지 나를 지켜낸 백성들이 먼저이지

언제 다시 돌아올지 기약할 수 없다만
기어이 이 자리에 우뚝 서리니 슬퍼 마라
육체는 무너졌다만 정신은 영원하리

주위를 둘러봐도 믿을 나라 없구나
어떤 감언이설에도 현혹되지 말아라
이 말이 마지막 당부, 이제 편히 눈 감으리

제2부

언어

혼미한 머릿속을 유영하다 걸리면
파닥파닥 뛰다가 결국엔 굴복해야
개중엔 내 그물망을
달아나는 놈도 있지

붙잡은 언어들을 한 군데 모아두면
위계질서 찾는 것은 사람이나 다름없어
저절로 자리를 잡아
문장을 이루어야

그렇다고 모두 다 완벽한 건 아니지
자리 잡은 문장에 비문도 허다하니
고의로 낯설게 한 건
예외로 치더라도

싱싱한 놈일수록 성질 하나 더럽고
품위 있는 놈일수록 뒤통수를 잘 치니
그물망 안 찢어지게
단속을 잘해야지

이백 자 원고지

자음과 모음이란 연인들이 살도록
십 층 건물 이백 호의 아파트가 마련됐네
관리비 요구치 않는
원룸형 아파트

단출한 이웃끼리 사이좋게 어울리면
꽃이 피고 새가 우는 한 세상을 이루나니
무언가 한번 잘못되면
일거에 무너져도

막무가내 입주하면 질서가 없어지니
아파트 관리 지침 반드시 따라야지
아무리 좋은 이웃도
거리를 두어야 해

자음과 모음들이 맘 한 번 바로 먹으면
큰 산도 옮기고 강물도 가로막는
언제나 꿈에 부풀은
단칸짜리 방들이여

밥집
– 겨울 회산 연방죽

휴업인 밥집에서 돌아서는 내 몸이여

밥 때가 지나버려 연밥을 못 먹는구나

영혼의
허기 채우는 건
때가 따로 없는데

수많은 밥솥들의 군불이 되느라

찌그러진 가슴을 다 드러낸 회산이여

영혼의
허기 채우는 데는
지금이 적기인 걸

생의 본전

1
밑천 없는 나를 위해 적선한 이들이여

앞길이 막막할 때 징검돌 된 이들이여

한번도
생의 본전을
생각한 적 없었지

2
내 생의 허물을 눈감아준 이들이여

눈앞이 캄캄할 때 등불 된 이들이여

이제야
생의 본전을
생각하게 되었지

활

1
내 몸이 활이란 걸 똥을 누다 깨달았지

세 끼 밥 먹는 것은
화살을 만드는 것

시위를
잡아당기려
변기에 앉는 사람들

2
과녁 없는 궁술이 누구는 쉽지만

화살이 나가지 않아
죽을 맛인 사람들

유레카,
삶이 궁술인 걸
변비 끝에 깨달았지

웃기는 상상력

눈도 둘 귀도 둘 콧구멍도 둘인데

입이 둘이 아니고 하나인 까닭은

음식을
눈앞에 두고
싸울까 봐 그러지

타협하여 둘이 함께 음식을 먹으면

말 그대로 목구멍에 병목현상 일어나지

지금의
목구멍으론
감당하기 어려워

백팔번뇌

백팔번뇌 다 맛보려면 후생에나 가능하지

세어 보지 않아서 알 수가 없다마는

그 맛을
몇 할을 봐야
살아봤다 할 수 있지

몇 번뇌나 맛 봤는지 알아보는 길 없나

횟수는 많았어도 종류는 단조로워

하기야
그 공부 끝내는 건
현생으론 불가능!

부부夫婦

스무 해를 한 여자와 한 솥밥을 먹다니

아내의 몸에 상처가
몇 군데나 될까

내 몸이
반야용선이구나,
여우인 아내에게

아내와 하나 됐다 둘 됐다 한 스무 해

분별없는 내 몸을
몇 차례나 잠재웠나

아내가
반야용선인 걸
이제야 깨닫다니

건조증

겨울이 깊을수록 몸뚱이가 가려운 건

몸뚱이 어딘가에 움이 트기 때문이리

새 움이
다치지 않도록
적당히 긁어야지

내 몸이 흙으로 빚은 게 분명한 건

겨울이 깊으면 그대로 알 수 있지

목마른
이 몸뚱이가
보습을 요구하니

영어 완전 정복

1
실존은 본질에 앞선다는 말 생각나

밥벌이를 못하면 시작詩作도 끝이지

정말로 내일부터는 영어에 매달려야지

2
막 물오른 詩作을 그만둬야 하다니

영어, 영어, 영어가 도대체 무엇이길래

정말로 내주부터는 영어에 몰입해야지

3
죽고 사는 모든 것이 영어에 달렸으니

맘 차분히 시 쓸 날 언제나 찾아오리

정말로 내달부터는 영어에 정진해야지

사군자四君子

매梅

기러기가 떠나기 전 보고 싶다 불러내니
지상의 매화가 고개를 내밀지
모두 다 전혀 못 들은 척 꼼짝달싹 아니해도

난蘭

맨 처음 어느 손이 마무리를 지웠지
손댈 데 하나 없는 몸맵시 좀 보아
옛모습 그대로여도 촌스럽지 않으니

국菊

누구에 비하면 늦은 것 같지만
또 누구에 비하면 빠른 것 같기도 해
사실은 첫기러기 떼 미리 마중 나온 것을

죽竹

마음을 비웠기에 한 백년은 끄떡없지
저렇게 높은 탑을 가지고서 태어나다니

바람에 누울지라도 무너지지 않는 탑을

제3부

봉옥

늙으신 바구니에 잘 생긴 봉옥 몇 개

떫은 맛 버리려면 아직도 멀었다만

큰엄니
사십구재를
염두에 두었으리

손 탈까 무서우니 찹쌀 독에 옮기리

좀벌레가 입댈까 걱정도 된다마는

잘 모셔
사십구재에
반드시 드리리라

*봉옥 : 떫은 감으로 홍시나 곶감용으로 많이 재배되는 품종

아버지

큰 강물, 작은 강물 다 거느린 큰 하늘

그 많은 샛강들 다 거느린 까닭은

전란에
하늘 잃은 강
챙기느라 그랬지

큰 강물, 작은 강물 돌보지 않더라도

저의 갈 길 가리라 생각하신 큰 하늘

저승에
딴 볼 일 있어
서둘러 가셨나니

탁란托卵

울긋불긋 봉선화 줄기마다 작은 손

가없는 하늘 기운 자신이 담긴 씨앗

붙들까
망설이다가
지상에 내려놓네

아무리 다부져도 자식은 자식인 것

금쪽 같은 씨앗들 지상에 내려놓고

나날이
여위어 가는
장광 옆의 봉선화

* 탁란托卵 : 새, 물고기, 곤충 등에서 볼 수 있는 기생의 한 형태로, 다른 종의 둥지에 알을 낳아 그 종으로 하여금 새끼를 기르게 하는 것이다.

나목裸木

1
연금술 무상으로 해에게 습득하고

채웠다 비우는 것 달에게 본받더니

이제는
해와 달 앞에
벌거벗고 서 있네

2
스스로 택한 건가,
해와 달이 시킨 건가

고행하듯 서 있는 것
알다가도 모를 일

더더욱
필생 묵언은
누구에게 배웠나

석류

1
주홍빛 주머니에 이빨이 하나 가득

오랫동안 숨긴 것
벌어져 들통났지

까치가
애들에게 줄
새 이빨 맡긴 건가

2
까치와 석류 사이 밀약이 있었던가

아무런 대가 없이
보관하고 있을 리야

까치의
감언이설에
석류가 넘어갔나

단풍

1
부나비가 불길에
죽는 것 알면서도

활활 타는 화염길
사람들은 드나드네

누구도
겁내지 않는
불붙은 가을산

2
저 산의 불길을
무얼로 잡을 건가

더더욱 불붙기를
바라는 사람들

오히려
다 타버리면
저절로 꺼질 테니

비파枇杷

동백꽃이 필까 말까 망설이는 동안에

과감하게 밀어붙인 비파를 한 번 봐

자잘한
꽃들의 품에
햇살이 뛰어놀지

짐승처럼 모두 다 웅크리고 잠든 밤에

생각에 잠겨 있는 비파를 한 번 봐

입 다문
꽃들의 몸을
달빛이 더듬잖아

겨울 민들레

솔개가 나타나면 병아리가 몸 감추듯

동장군이 나타나면 땅바닥에 엎드리지

지금은
연습이 아닌
실제 상황 중이여

몸뚱일 낮추고 거친 숨을 죽이는데

까닭도 모르고 따라 엎드린 들풀들

바람도
근접 못하는
맨바닥이 피난처

의자

1
다리가 넷이지만 달아날 생각 없이

두 쪽인 엉덩이를 받들어 모시다니

궂은 일
도맡아 하는
성자가 된 의자

다리가 넷인 것은 한 마리의 짐승인데

아주 입을 봉한 채 옴짝달싹 안 하다니

저 혼자
사색을 하는
이 시대의 성자

2
성자인 저 의자가 고행만 하는 건가

책상과 한 몸일 때 오르가슴 느끼나니

짐승도
순한 의자도
그 짓은 마다 않지

빙벽

오르는 길인지, 내려가는 길인지

빙벽에 고드름은 눈발들의 눈물이지

매달린
수목들 피해
암벽을 타는 얼음

따스운 피 도는 곳은 근접하지 못하지

햇살의 애무를 견뎌 내지 못하지

겨우내
입을 봉한 채
한데만 찾는 얼음

엽서葉書

내 앞에 떨어지는 나뭇잎은 엽서이지

나무들이 써 부치면 바람이 배달하지

나무가
하고 싶은 말
낱낱이 적혀 있는

나무들이 보낸 엽서 어떻게 읽어내나

아무리 쳐다봐도 못 보던 문자이니

해와 달
별과 바람은
그냥 알아먹는데

제4부

만경루에 기대어

내 몸이 감당 못할 문수가 큰 슬픔을

벗으려 애를 써도 벗겨지지 않는 것은

슬픔이
오갈 데 없어
나만 찾기 때문인가

내 안의 슬픔 하나 다스리지 못하면서

세상과 화해할 궁리를 다 했었지

자책自責에
쓰러진 마음
슬픔이 부축하다니

---

* 만경루萬景樓 : 강진 백련사에 딸린 건물이다. 만경루 편액은 원교 이광사의 글씨이다.

겨울 백련사

1
"무슨 일로 이 세상에 서둘러 오시는지,
무슨 사연 그리 많아 떼거리로 오시는지"
삼동에 묵언 중이던 백련사의 입을 연 눈

생사를 구분 않는 저 눈발의 전언을
눈빛으로 받아써도 감당하기 어려워
말없이 뛰어내리는 입을 봉한 불립문자

2
돈오돈수 꿈꾸느라 정신없는 동백숲
분수없는 몸뚱이의 죽비인 눈발이여
마음을 바로 잡으려 숨죽이는 꽃봉오리

3
구강포 앞바다에 해인海印하던 배롱나무
눈발에 앞바다가 순식간에 지워지자
한순간 정신 잃었다 다시 찾은 천수천안

내리는 저 눈발이 길마저 지우니
산문 없는 백련사, 속세와 한몸 이뤄
세상을 나누지 않는 마음 하난 석가여래

4
동안거 끝나려면 아직 당당 멀었건만
햇살이 몸 만지니 가만있지 못하는 눈
소리가 막 움트면서 법문하는 계곡 좀 봐!

무위사 산감나무
- 『연둣빛 치어』의 이상인에게

마지막 한 잎마저 놓아준 산감나무
극락보전 외벽과 면벽하는 중이구만
약수를 법구경 삼아
탁한 귀를 씻으며

가지마다 알을 슬던 잎들은 다 어디에
잎들의 안부가 궁금한 건 당연하지,
아무리 둘러보아도
한 잎도 안 보이니

아무것도 안 지닌 극락보전 벽화와
한 철을 면벽하면 남는 것이 무엇일까
무소유, 산감나무가
이미 행한 법문인데

잎들이 떠난 자리 햇살이 몸 비벼도
꼼짝달싹 않고 면벽하는 산감나무
봄날에 새로 부화할
치어들을 꿈꾸며

가을, 금곡사金谷寺에서

바위도 단풍이 든 물때 만난 금곡사
내 마음의 종아리를 때리는 시누대
법문을 뉘 나게 들어
득도한 수목들 봐!

대웅전 벽화에 고삐 든 동자는
소는 찾아 무얼 하려 눈에 불을 쓰는지
놔두지, 삼층석탑을
그냥 그대로 두듯

금곡에 가라앉은 나뭇잎들 건져볼까
나뭇잎 하나하나 말씀들이 묻어 있는
내 몸이 감당치 못할
무거운 법문인 걸

무심결에 내 몸에 단풍이 옮겨 붙다니
타오르지 않으니 전혀 모를 수밖에
누군가 내게 다가서면
그이도 옮겨 붙을까

백담사

근육질 외설악의 눈들을 따돌리고

내설악의 자궁인
백담사에 안기고파

마음은
기우뚱거리며
산길을 걸어가지

풀벌레 울음소리 내 몸뚱일 드나드니

만해 스님 대를 이은
무산 스님 생각나

마음은
수심교 지나
금강문에 다다르지

＊수심교修心橋 : 백담사 바로 앞의 다리이다.

선운사 산감나무

1
대웅보전 삼존불 수계 받은 감나무

늘 푸른 동백에도 기죽지 않더니만

동백숲
후불화 삼아
기어코 성불했네

2
해와 달과 바람이 다비식 치르느라

잎새를 남김없이 지상에 내려놨네

찬연히
매달려 있는
붉디붉은 사리들

*삼존불 : 아미타불, 비로자나불, 약사불

동해, 외딴 섬의 눈빛 전언

1
누구는 나를 독도라 부르고
누구는 나를 다케시마라 부르고
한 가지 분명한 것은
동해바다 출신인 것

2
내 몸을 둥지 삼은
갈매기는 끼룩끼룩

내 몸에 구애하는
파도는 철썩철썩

그들은
너무 잘 알지
조선의 후예인 날

3
큰집인 울릉도가 안부를 물으면

작은 집인 내가 눈빛으로 답하지

우리는
한 바다에서
태어난 형제인 걸

4
멀리는 이사부가 내 몸을 돌보고
가까이는 안용복이 내 몸을 돌봤지
뒤늦게 누구 맘대로 내 몸을 넘보다니

마량 길

에스라인 몸매로 타의 추종 불허해도

마량 길은 내게는 슬픔으로 가는 길

아무리
따돌리려 해도
들어서면 달라붙어

슬픔을 까막섬에 내려놓고 오려 해도

둥지 틀 생각 않고 날 붙들고 늘어지니

내게는
돌아오는 길도
슬픔으로 가는 길

* 아버지는 지금의 나보다 젊은 나이에 이 길에서 운명하셨다.

괭이갈매기들의 전언

동해의 외딴 섬이 어느 나라 것인지는

이곳이 현주소인 우릴 보고 판단하지

큰집이
어디인가를
따져보면 분명해져

동해의 외딴 섬이 어느 나라 것인지는

눈앞에 뵈는 곳이 어디인지 따지면 돼

저 멀리
보이는 것이
본적지인 울릉도지

사당리

남새밭에 호미질 생각 없이 했다간

비취빛 이마가 송두리째 깨졌지

나쁘닥
반듯한 놈은
개밥그릇 시켰어

호미와 조쇄 들고 앞바다에 나가면

다라에 찬거리가 제 발로 뛰어들었지

갯벌은
원키만 하면
무엇이든 주었어

* 사당리沙堂里 : 강진군 대구면에 소재하고 있다.

유달산

1
다도해의 섬들이 모두 다 자식이지

파도 잘 날 없는 바다
섬들 앞길 막힐까 봐

마음의
병이 깊어도
내색 않는 유달산

2
섬들이 슬퍼하면 등 또닥여 위로하고

섬들이 잘 되면
애들처럼 기뻐하는

섬들과
생사고락을
함께하는 유달산

노적봉 다산목多産木

1
지나가는 사내마다 다들 군침 삼키니

다산목의 서방이 나라고 선언할까

성급한
어느 사내가
선수칠까 걱정이다

2
너무 오래 굶어서 바람나면 어떡하지

한밤 중, 내 체면에 일을 볼 수도 없고

내 것이
저 거시기에
딱 맞을 것 같은데

*다산목多産木 : 일명 '여자나무'라 한다.

조운 생가 曹雲 生家

옛주인 돌아오면 당황하지 않도록

젊은 날 모습대로 차려입던 조운 생가

한 차례
바람이 자면
돌아오리 생각하고

혼이라도 찾아오면 길 잃지 마라고

노년에도 옛모습을 고집하는 조운 생가

육십 년,
세월이 가도
두루마기 차림으로

마라도 시편詩篇

1. 저물녘
내 가슴에 붙든 별들 밤하늘에 놓아주려
가장 성한 하늘 찾아 발 벗고 나섰지
바람과 어깨동무한 파도의 등에 업혀

눈치 빠른 별들이 얼굴을 내밀기 전
별들을 여기저기 놓아줄 생각인데
아직은 시간이 이르니 등대나 만나야지

등대가 있는 곳에 나보다 한 발 앞선
배낭을 멘 그리움은 제 발로 온 것인가
엉큼한 누군가에게 덜미 잡혀 온 것인가

그리움에 등 떠밀려 억새에게 위로받다,
가슴이 허전하여 하늘을 바라보니
어느새 뭇별들 틈에 자리 잡은 별들이여

2. 별이 빛나는 밤에
가슴에 붙든 별들 남김없이 달아났으나
앞으로는 별들을 붙들 생각 버리고
마음껏 드나들도록 아예 문을 없애야지

한번 놀란 별들이 별들에게 소문내어
영특한 별들이 안 찾으면 어떡하나
별들을 붙드는 일이 없음에도 불구하고

자장면 냄새에 입맛 다시는 저 별들이
내 가슴에 붙들렸다 달아난 별들이지
누구든 입맛을 알면 벗어나기 힘이 들어

멋들어진 미끼를 놓지 않더라도
다혈질인 몇몇 별이 걸려들기 마련이여
하지만 잡된 생각을 품지는 말아야지

다물도의 밤

1
위험을 무릅쓰고 벼랑에 마실 나온

겁 없는 원추리들 어깨가 처진 밤

뒤짝지
몽돌 밭에선
쏴아아아 차르르르

2
바다와 몽돌들이 주고받는 사연에

두 귀를 곤두세운 더위 먹은 마을

전신을
그물망 삼은
달빛이여 별빛이여

＊뒤짝지 : 다물도에 있는 해수욕장

적산가옥

미닫이 너무 많아 바람 잘 날 없는데

옛영화를 누리는 듯 담쟁이는 무성하군

마당에
꽃 없는 날이
단 하루도 없다니

나나스께 단내에 언제나 취해 있는

조선 땅에 꽂아놓은 일본도와 뭐가 달라

아무튼
뽑히지 않고
살아남아 있다니

눈 내리는 외딴집

1
단단히 화가 났나, 본심이 그런 건가

산마루 외딴집을 순식간에 지우다니

이따금
깃털을 터는
까치의 저녁 걱정

2
눈발이 휘날리면 측간도 가기 싫어

마루에 그냥 서서 작은 일을 보다니

알고도
모른 척 하는
안방에 모인 불빛

선산先山

나이 먹은 봉분 옆에 갓 태어난 봉분이

서른일곱 해 만에 나란히 누웠어야

서로가
어색해 하니
근심하는 자식들

살아서는 서너 살 연상인 지아비가

죽어서는 서른서너 살 연상인 봉분이니

두 분이
알아보기가
어디 쉬운 일이냐

눈 내리는 제야除夜

- 정해년丁亥年

1
돼지가 지저분한 놈인 줄 알았더니

자신이 뒹굴던 세상을
한 군데도 남김없이

저녁내
하얀 눈으로
도배를 하고 있네

2
얼룩진 세상을 물려받을 때에는

군소리 하지 않고
묵묵히 물려받더니

자신이
물려 줄 때는

얼룩을 다 지우네

| 해설 |

문 밖에서 경계 허물기, 혹은 질문하기

염창권 시인

 김해인(본명: 김재석) 시인은 1990년 『세계의 문학』에 신인으로 등단한 이후 『까마귀』 등 여덟 권의 시집을 상재하였다. 그러던 중 돌연, 2008년 『유심』 신인문학상에 시조가 당선되면서 『내 마음의 적소, 동암』을 시작으로 하여, 이번까지 여덟 번째의 시조집을 간행하게 되었다. 그 햇수로만 보면 상당한 다작이다. 한편으로 그의 시적 모티프가 주로 불가의 수행 공간에 닿아 있다는 점에서, 김해인 시인의 시조 쓰기는 자기 탐색의 일환이자, 불가의 화두처럼 자기를 향한 끊임없는 질문의 과정에 놓여 있다고 볼 수 있다.

1

　레이코프는 "영적 경험을 정열적으로 만들고 거기에 치열한 욕구와 고통 그리고 환희를 가져오는 것은 몸"이라고 하였다. 몸이 소유한 감각들은 삶의 현실을 분명하게 인식하고 정신적 개념과 연합하여 인식의 상태를 상승시키는 주체자 역할을 한다. 이를 참고한다면, 몸을 통과하여 다가오는 풍경들이 형이상학적 개념이나 은유에 포위되지 않고, 순수한 현전을 이룰 수 있도록 대상을 향하여 몸과 마음을 개방하는 시인의 태도가 필요하다.

　「선운사— 산감나무」에서는 잎이 다 지고 난 "산감나무"를 부처의 "성불" 과정에 비유하고 있다. 이는 벌거벗은 산감나무 뒤로 동백 숲이 펼쳐진 것과 부처상 뒤에 후불탱화가 걸려 있다는 유사성에서 출발한다. 구도자가 성불하는 과정에서 살을 버리고 뼈만 남았다가 그마저도 불사르고 종국에는 사리 몇 알만 남기는 것처럼, 산감나무가 잎을 모두 버리고 뼈마디로 서서 "붉디붉은" 홍시를 매달고 있는 모습을 보고, 이를 "사리들"이라고 의미화하면서 시적 발상을 이룬다.

1
대웅보전 삼존불 수계 받은 감나무

늘 푸른 동백에도 기죽지 않더니만

동백숲
후불화 삼아
기어코 성불했네

2
해와 달과 바람이 다비식 치르느라

잎새를 남김없이 지상에 내려놨네

찬연히
매달려 있는
붉디붉은 사리들

– 「선운사 – 산감나무」 전문

  위 시조는 두 수로 이루어져 있는데, "1", "2"와 같이 번호를 매김으로써 각 수를 독립시키고 있다. 이 시집에서 번호를 매긴 다른 시조들의 경우에도 마찬가지이지만, 이들을 분리시켜도 각각 한 편의 시조로서 완결성을 지니게 된다. 그러나 한편으로 이들은 하나의 제목 아래 묶여 있기 때문에 내적 연관성 또한 살펴야 한다. 「선운사— 산감나무」에서 1은 산감나무의 "성불"이라는 의미화 과정이고, 2는 1에 대한 구체적인 증거 제시이다. 따라서 이 시조의 주제는 첫째 수에서 찾을 수 있다. "대웅보전 삼존불 수계 받은 감나무"에서 감나무는 절간이라는 인접성에 따라 자연스럽게 수계를 받은 불가의 제자로 설정된다. 이 "산감나무"가 "성불"했다는 판단은 붉게 매달린 홍시를 사리로 유추해 냄으로써 이루어진다. 차고 맑은 하늘 아래 붉고 둥글게 열매 맺은 형상을 보면서 자연이 만들어낸 "사리"라고 유추할 수 있다. 그러나 이처럼 외적인 형상에만 머무른다면 성불 과정의 고통스런 추구가 잘 나타나지 않게 된다는 점에서 도식성의 함정을 벗어나기 어렵다. 김해인의 시조나 여타 시조 시인들의 시조에서 경계해야 할 부분이 여기에 있다. 즉, "늘 푸른 동백에도 기죽지 않"는 것과 "잎새를 남김없이 지상에 내려"놓는 감나무에 대한 관찰자로만 머무른다면 "성불"의 문제를 진정성 있게 돌파할 수 없다. 바라봄의 수준을 넘어서서, 이를 바라보는 주체의 문제로 더 깊숙이 연결시키는 인식의 힘이 필요한 것이다.

　이에 비해서 「밥집- 겨울 회산 연방죽」은 대상과 주체의 관계를 통해, 몸의 허기와 영혼의 허기를 연결한 수작이다. 몸은 자아와 타자를 매개할 수 있는 두께와 깊이를 가지고 있으며, 상호 교섭의 통로로 작용한다. 흔히 우리가 몸의 육체성을 강조할 때, '살'이나 '뼈'와 같은 물질성에 주목하기 쉽지만, 몸 자체가 살아있는 육체이기 위해서는 영혼이나 정신과의 불가분의 관계를 선취하고 있어야 한다. 정신과 육체는 분리 불가한 것으로 상호간 관계를 통해서만 실현될 수 있다. 이러한 입장에서는 인간과 환경의 관계도 상호의존적이다.

　　휴업인 밥집에서 돌아서는 내 몸이여

　　밥 때가 지나버려 연밥을 못 먹는구나

　　영혼의
　　허기 채우는 건
　　때가 따로 없는데

　　수많은 밥솥들의 군불이 되느라

찌그러진 가슴을 다 드러낸 회산이여

    영혼의
    허기 채우는 데는
    지금이 적기인 걸

                – 「밥집 – 겨울 회산 연방죽」 전문

 위의 시조에서 화자는 연밥을 못 먹어 허기가 진 상태이다. 밥집이 문을 닫았기 때문이다. 두 수로 이루어진 연시조에서 각 수의 초장과 중장은 현재적 시점에서 내비치는 몸의 한계 상황을 나타내고, 종장은 이와 대응되는 영혼이 가진 충족성에 대한 견해이다. 이 시조에서 몸과 영혼의 이항대립적 구도를 금방 확인할 수 있는데, "연꽃"이라는 상관물이 불교적 각성과 관련되어 있기 때문이다. "밥 때가 지나버"린 "회산 연방죽"은 "찌그러진 가슴을 다 드러"내고 있다. 이와 같은 여성적 이미지는 황폐화된 육체성을 지시하는데, 이는 다시 "수많은 밥솥들의 군불이 되느라"와 같은 언명을 통해 불교적 보시의 관념에 연결된다. 몸의 고난과 폐허는 영혼의 충족으로 승화되는 것이다. 결국 "연밥"을 만들던 꽃이 다 진 뒤, 즉 "밥 때가 지나버"린 뒤에 굳이 "회산 연방죽"을 찾았던 까닭은, 모든 것을 공여하고 난 뒤의 몸의 폐허를 통해 "영혼의 허기 채우는" 방식을 터득하고 있기 때문이다.

1
연일 내린 폭설에 기가 죽은 산과 들

문을 걸어 잠그고 잠에 빠진 사하촌

동구 밖
당산나무의
까치는 무얼 할까

2
절로 가는 큰길이 눈보라에 지워졌지

마을로 내려가는 샛길도 지워졌지

동백숲
동박새들의

꿈길은 어떠할까

– 「설야雪夜」 전문

「설야」에서 각 수의 초장과 중장은 실존적 한계 상황을 묘사한다. "연일 내린 폭설"로 인해 "사하촌"은 외방 공간과 단절된 상태이다. 이 단절감은 외부 세계와 소통을 끊고 "잠에 빠"져 들게 한다. 그러나 "큰길"과 "샛길"이라는 통로를 제시함으로써 마음만은 단절된 외부 세계와 잇닿아 있음을 나타낸다. 마을에 인접한 "당산나무에"는 "까치"가 있을 것이고, 좀 멀리 떨어진 절 뒷산의 "동백숲"에는 "동박새"가 눈 내리는 밤을 함께 보내고 있을 것이다. 눈 내리는 날 밤에 지상도 아닌 상방공간에 거처를 마련한 이들 새의 "꿈길은 어떠할까"를 궁금해 하는 것, 자연의 생명체들을 의인화시키는 낭만적 동경이 이 시조를 동화적 환상에 빠지게 하는 요소이다.

이에 비하여 「아버지」는 가족사의 내력이 잘 나타난다.

큰 강물, 작은 강물 다 거느린 큰 하늘

그 많은 샛강들 다 거느린 까닭은

전란에
하늘 잃은 강
챙기느라 그랬지

큰 강물, 작은 강물 돌보지 않더라도

저의 갈 길 가리라 생각하신 큰 하늘

저승에
딴 볼 일 있어
서둘러 가셨나니

— 「아버지」 전문

 "아버지"는 시인의 지금 나이보다 이른 시기에 길 위에서 사고로 돌아가셨다(「마량 길」). 이로써 아버지 죽음에 대한 관념이 주체에게 이전되는 데는 어려움이 없다. 이 시조에서 하늘과 땅(강)의 대립이 와해된 채로 섞여 있는데, 강 자체가 물질적 속성보다는 유동성의 이미지를 통해 운명이나 생의 문제로 관념화되었기 때문이다. 시조에서 보면 전란이 있었고, 잃은 강도 있다.

"큰 강물, 작은 강물 돌보지 않더라도"에서 보면, 강은 돌보아야 하는 대상이므로, 큰 하늘이 품은 자식들의 생명을 은유하는 것으로 해석할 수 있다. 이처럼 하늘과 땅의 구별이 없으므로, 아버지가 떠나신 "저승"조차도 이웃집에 바쁜 일을 보러 가신 것처럼, 생과 사의 구별이 평면적으로 공간화되면서 친근한 느낌을 가져오기까지 한다. 「아버지」에서는 공간의 유연한 확장과 통합의 방식을 통해 생사의 경계가 허물어져 있음을 알 수 있다. 이처럼 경계를 허물고, 이 경계에서 중얼거리는 것이 김해인 시조의 특징이다.

2

「만경루에 기대어」와 「건조증」은 주체의 체험 양상을 몸의 지각 현상에 대입하고 있다. 특히 「만경루에 기대어」에서는 주체와 대상 사이에 걸쳐 있는 경계 지점이 허물어지면서 상호주관성의 의미망을 형성하고 있다.

내 몸이 감당 못할 문수가 큰 슬픔을

벗으려 애를 써도 벗겨지지 않는 것은

슬픔이
오갈 데 없어
나만 찾기 때문인가

내 안의 슬픔 하나 다스리지 못하면서

세상과 화해할 궁리를 다 했었지

자책自責에
쓰러진 마음
슬픔이 부축하다니

— 「만경루에 기대어」 전문

  이 시조에는 각주로 "만경루: 강진 백련사에 딸린 건물이다. 만경루 편액은 원교 이광사의 글씨이다."와 같은 설명이 덧붙여져 있다. 시인의 의도에 따르면, 시적 대상인 "만경루"는 일정한 역사적 연관성 하에 의미를 지니게 된다. 이 시조집의 표제작이기도 한 이 시조는, 이름 난 "글씨"와 낡아가는 "만경루"와 주체의 "슬픔"

등이 삼중으로 의미 겹침을 허용하면서 예술과 인간사에 대한 진한 회오를 드러낸다. 그 중에서도 "슬픔"과 "만경루"는 의미적으로 등가를 이루면서, 세상의 관심 밖으로 물러선 이의 외로움을 진하게 드러낸다. 이 시조에서도 김해인 시인의 시 문법(poetry grammar)을 찾아낼 수 있다. 초장과 중장에서 자아의 실존적 한계 상황을 제시하고, 이에 대한 결과나 답을 종장을 통해 귀결 짓는데 대체로 질문의 형식이나 현존에 대해 유보적 태도를 취한다. 따라서 그의 시에서 의미는 확정되지 않는 경우가 많다. 이는 그가 주로 불가의 절간, 요사체, 산문山門 등의 경계 지점을 헤매며 스스로에게 중얼거리듯 질문하며 탐색하는 것과 무관하지 않다.

"내 몸이 감당 못할 문수가 큰 슬픔을/ 벗으려 애를 써도 벗겨지지 않는 것은"에서 주체의 슬픔은 "벗겨지지 않는" 신발과 같은 환유의 방식으로 제시된다. 즉 "슬픔"이라는 감정의 공간화가 되겠다. 그리고 이러한 실존적 한계는 "슬픔이/ 오갈 데 없어/ 나만 찾기 때문인가"와 같이 유보적으로 방향 설정이 된다. 즉 서예가 이광사와 그의 글씨가 편액에 담겨진 사연까지 그에게 슬픔을 덧씌우기 때문이다. 그래서 세상에서 인정받지 못하는 슬픔이 다른 슬픔의 힘을 빌려서 부축을 받게

되는 것이다. 여기서 "슬픔"이라는 추상적 관념은 몸의 구체적인 형상을 빌려 감각적으로 지각된다.

  존재의 실존적 근거는 무엇보다도 몸이다. 몸은 흙의 반죽으로 빚어졌다가 다시 흙구덩이에 묻혀 해체된다. 이와 같이 왔다가 가는 사이에 '실존'에 대한 각성이 있다. 사물을 본다는 것은 사물을 주체의 통제 하에 두는 것이 아니라, "보는 주체에서 벗어나 보이는 사물로 달아남(스며듦)"을 의미한다고 퐁티는 말한다. 이 경우 주체의 일부는 대상에 투사, 분할됨으로써 몸은 주체의 균열을 감수한다. 즉 바라보는 지각의 주체와 지각되는 주체로 분할되는 것이다. 이와 같은 지각의 이중성을 「건조증」이 보여준다.

    겨울이 깊을수록 몸뚱이가 가려운 건

    몸뚱이 어딘가에 움이 트기 때문이리

    새 움이
    다치지 않도록
    적당히 긁어야지

내 몸이 흙으로 빚은 게 분명한 건

겨울이 깊으면 그대로 알 수 있지

목마른
이 몸뚱이가
보습을 요구하니

– 「건조증」 전문

「건조증」에서는 객관화 된 몸의 물성物性에 대해 중얼거리고 이에 대해 스스로 대답한다. 흙으로 빚은 몸이지만 살아있기에 식물성의 "움"으로 대상화된다. 이에 대해 자문자답을 하는 것이 초장과 중장의 역할이고, 이에 따른 화자의 실천적 다짐이 종장에 나타나 있다. 주체의 균열을 통해, "새 움이 트"듯 가려운 것은 대상화된 주체이고 흙으로 빚었다고 판단하고 보습을 하는 주체는 이를 바라보는 분리된 주체이다.

3
글을 읽는다는 것은 그 사람을 읽는다는 말도 된다.

글을 통해 그 사람의 인품과 지적 배경, 그리고 삶의 신산스러움이나 에로틱한 판타지까지 고스란히 드러나게 마련이다. 그러므로 내 글을 누군가 읽고 있다는 생각은 내가 알지 못하는 다른 곳에서 내 인격이 다른 사람과 만나고 있다는 말도 된다. 그럼에도 내가 쓴 글은 언제나 미완성인 상태로 방치되어 있기 때문에, 누군가 혹은 자기 자신일지라도 결국은 오독일 수밖에 없다.

1
가제본 된 나의 생을 누군가가 읽고 있다

퇴고도 아니 한 숨겨둔 필사본을

여전히
미완성작인
내 생을 읽고 있다

2
지명인 나의 생은 몇 쪽이나 되는지

표절하지 않은 생을 찾아볼 수 있을까

자신의

생을 읽어도

가끔은 오독인데

 －「오독誤讀」 전문

 "가제본 된 나의 생을 누군가가 읽고 있다/ 퇴고도 아니 한 숨겨둔 필사본을"이라고 했을 때, 주체는 추구의 과정 속에 있으며 아직 결론을 유보하고 있다. 누구나 삶의 전체 단위는 죽음을 통해서만 확정이 가능하다. 그러므로 과정적 삶은 완전히 편집되지 못한 상태로 볼 수 있다. 그러나 한편으로 삶의 과정 자체를 생의 결론이자 순간순간의 완성으로 볼 수도 있다. 시에서 "미완성작인/ 내 생"이라고 강하게 언명하는 것은 주체가 현재의 상태에 만족하지 못하고, "가제본 된 나의 생"으로 유보시키면서 자기실현의 정도를 높은 단계에서 설정하고 있기 때문이다.

 모든 사물들과 생명체들, 그리고 정신적 텍스트들은 상호텍스트적(intertextuality)으로 연결되어 있다. 선대의 언어를 습득하지 못하면 대화에 끼어들 수도 없다. 시조 쓰기도 마찬가지이다. 글쓰기는 직물을 짜듯

이, 기존의 것들을 날실과 씨실로 교차시키며 새로운 무늬로 짜내는 일이다. 이때 텍스트의 결(texture)이 문체의 역할을 하므로, 동일한 관념의 반복보다도 이 문체의 답습이나 반복이 창조성에 장애가 된다. 정형시인 시조에서 특히 이 문제는 첨예할 수밖에 없다. "표절하지 않은 생을 찾아볼 수 있을까"라고 했을 때, 이것은 남이 먹지 않는 밥을 먹고 다른 형식의 옷을 입어야 한다는 것을 의미하는 것이 아니라, 생의 의지와 추구 면에서 고유한 스타일을 지칭하는 것이고, 이는 동일하게 글쓰기에도 적용된다. 「오독」의 세계는 글쓴이들이 보편적으로 느끼는 자기 상실감에 기원을 두고 있다.

「언어」에서는 회의나 망설임에 빠지지 않고, 곧장 돌파하려는 시인의 낙관적 의지가 잘 나타난다.

혼미한 머릿속을 유영하다 걸리면
파닥파닥 뛰다가 결국엔 굴복해야
개중엔 내 그물망을
달아나는 놈도 있지

붙잡은 언어들을 한 군데 모아두면
위계질서 찾는 것은 사람이나 다름없어

저절로 자리를 잡아
문장을 이루어야

그렇다고 모두 다 완벽한 건 아니지
자리 잡은 문장에 비문도 허다하니
고의로 낯설게 한 건
예외로 치더라도

싱싱한 놈일수록 성질 하나 더럽고
품위 있는 놈일수록 뒤통수를 잘 치니
그물망 안 찢어지게
단속을 잘해야지

-「언어」전문

 몽상의 영역 속에서 떠도는 언어를 포획하는 일, 또는 시를 쓰는 작업을 그물로 물고기를 잡는 일에 비유하고 있다.「언어」는 글을 쓸 때 시인이 가져야 할 성실성과 주의점을 시조의 율격에 실어서 거침없이 표현하고 있다. 언어가 저절로 순해지면서 자리를 잡아야 하고, 싱싱한 언어일수록 주의를 기울여 갈무리를 잘 하는 것이 시조에서 언어를 부리는 묘미이다.「언어」는

구어체를 통한 활달한 율동감이 두드러지는 시조로 시인의 자기점검의 과정을 가감 없이 보여준다.

  지금까지 세 가지 줄기를 따라 김해인의 제8시집『만경루에 기대어』를 읽어보았다. 시인의 성품은 거침이 없고 활달한 반면, 해설을 쓰는 필자의 경우는 소심하고 꼼꼼한 편이다. 오독의 가능성 또한 시인에 대한 호의를 표시하는 것으로 남겨두고자 한다.
  김해인 시인은 30여 년 동안 고등학교에서 영어 교사로 근무해 오던 것을 접고, 금년부터 본격적으로 글쓰기에 매달리게 되었다. 어느 날 문득, 화두처럼 다가왔던 시조의 세계에 몰두할 시간이 더욱 늘어난 것이다. 화두가 풀리는 날, 새로운 무늬와 빛깔을 지닌 시조 텍스쳐(texture)를 들고 나와 독자에게 보여줄 것을 기대해 본다.

김해인 시인

본명 김재석. 1955년 전남 강진에서 태어나 1982년 전남대학교 영문과를 졸업하고 2002년 목포대학교 국문과 박사과정을 수료했다. 1990년 『세계의 문학』에 시로 등단했으며 2008년 유심신인문학상 시조부문(필명 김해인)에 당선했다. 시집으로 『까마귀』, 『샤롯데모텔에서 달과 자고 싶다』, 『기념사진』, 『헤밍웨이』, 『달에게 보내는 연서』, 『목포자연사박물관』, 『백련사 앞마당의 백일홍을』, 『강진』 번역서로 『즐거운 생태학 교실』, 시조집으로 『내 마음의 적소, 동암』, 『이화』, 『별들의 사원』, 『별들을 호린다고 저 달을 참수하면』, 『고장난 뻐꾸기』, 『큰개불알풀』, 『다산』이 있다. 현재 목포 마리아회 고등학교에서 영어교사로서 삼십 년 간의 교직 생활을 마치고 전업시인으로 활동하고 있다.

e-mail | crow4u@hanmail.net

문학들 시선 019
만경루에 기대어

초판1쇄 찍은 날 | 2012년 4월 20일
초판1쇄 펴낸 날 | 2012년 4월 26일

지은이 | 김해인
펴낸이 | 송광룡
펴낸곳 | 문학들
등록 | 2005년 8월 24일 제2005 1-2호
주소 | 501-190 광주광역시 동구 학동 81-29번지 2층
전화 | 062-651-6968
팩스 | 062-651-9690
전자우편 | munhakdle@hanmail.net

ⓒ 김해인 2012
ISBN 978-89-92680-58-5 03810

· 잘못된 책은 바꿔드립니다.
· 이 책 내용의 전부 또는 일부를 재사용하려면
  반드시 저작권자와 문학들의 동의를 받아야 합니다.
· 책값은 뒤표지에 표시되어 있습니다.
· 이 시조집은 전라남도 문예진흥기금을 받았습니다.